AF364131

SECRETOS GUARDADOS

S. SALVATIERRA

SECRETOS GUARDADOS

EXLIBRIC

ANTEQUERA 2022

S. SALVATIERRA

SECRETOS GUARDADOS

*Este relato va dedicado a aquellas personas
que guardan secretos que son difíciles de contar,
por miedo, timidez, por el qué dirán,
por un millón de cosas que pasan por la cabeza.*

CAPÍTULO 1

La felicidad de mi niñez desaparecida

He estado con un montón de hombres. No me malinterpretéis, no soy ninguna buscona. Yo no he buscado a los hombres, más bien ellos han acudido a mí, por distintos motivos. Desde pequeña, han querido algo de mí, no sé qué es, pero siempre ha sido lo mismo o casi lo mismo.

Cuando tenía la edad de seis años, fui violada por mi primo Marcos. Me llevó al estudio que tenía mi abuelo, donde él se ponía a trabajar. Él era escritor, digo «era» porque murió cuando yo tan solo tenía un mes de vida. Se supone que me llevó a ese cuarto a jugar con las cosas del abuelo. En ese cuarto había una cama plegable, que él abrió con mucho cuidado de que nadie lo oyera, y me tumbó. Yo no sabía qué quería, era muy pequeña para comprender qué es lo que quería hacer conmigo. Me tumbó en la cama y me quitó las braguitas. Yo llevaba un vestido, así que era fácil para él desnudarme y que nadie viera nada ni sospechara. Yo seguía confusa y no entendía nada, solo me quedaba quieta, con los brazos abajo, atrapados por su cuerpo. Él se montó encima de mí y empezó a toquetearme y a meterme sus manos y sus dedos por la entrepierna y dentro de mi sexo. Yo me revolvía y, cuando fui a dar un grito, él me tapó la boca con su mano y después con su propia boca, besándome. Me besaba bruscamente mientras seguían sus dedos metidos en mi sexo, así como su propio sexo. A mí me dolía, me hacía sentir cosas raras. Claro, cuando tienes seis años son cosas raras, pero cuando tienes cuarenta ya sabes lo que es y el placer que recibes. Sin embargo, siendo pequeña todo es miedo, rarezas y sensaciones en tu cuerpo que no debes tener a esa edad.

Cada vez que iba a casa de mi abuela, él estaba allí, me volvía a llevar al estudio del abuelo y me volvía a hacer lo mismo. Yo no les dije nada a mis padres, por vergüenza, por desconocimiento. Ha pasado mucho tiempo y seguramente no me crean, se horroricen por lo que les cuente, porque sería un disgusto para la familia, otro más en sus vidas. Sé que debo decírselo, pero para ello debo estar preparada para las reacciones que puedan tener.

También he tenido otro episodio de abusos: ha sido con otro primo mío, el hermano de Marcos, Sergio. Años más tarde se dedicó a tocarme, a besarme, a manipularme como le daba la gana y a hacerme un maltrato psicológico que a día de hoy me sigue haciendo. He sufrido sus amenazas y sus faltas de respeto, y todo este maltrato lo llevo sufriendo desde los doce años. La sensación de miedo, que aún la sigo teniendo, me invade, y me derrumbo sin saber cómo hacer para que termine.

Una de las veces que fuimos mis padres, los demás primos y yo a un cumpleaños de su hermano Marcos, el cual ya había dejado de violarme porque se debió de dar cuenta del horror que estaba cometiendo, Sergio me cogió y me llevó a su cuarto para enseñarme una cosa, me metió debajo de la cama, me hizo que entrara primero, para así tenerme a su merced y no dejarme salir. Me dejó claro que si yo intentaba huir se las pagaría, porque haría que nadie de la familia me creyera.

Me cogió y metió sus manos dentro de mi sexo, yo me retorcí, no quería volver a pasar por lo mismo que había pasado con su hermano años atrás. Me besó, tocó mis pechos, cogió las manos y me las puso en sus partes, mientras decía que hasta que no se la tocara y masturbara no me dejaría salir, que no gritara, ni llorara, o si no, me atendría a las consecuencias. Me chupó los pechos, yo no paraba de moverme e intentar salir de allí abajo, hasta que su hermano y otro primo mío entraron y nos dijeron que saliéramos de allí, que ya estaba la tarta del cumpleaños puesta. Me dijo que esperara un rato y me recompusiera, que él saldría primero. Al salir, nadie se dio cuenta de que estaba llorando, me fui rápidamente al baño a lavarme las manos, la cara, los pechos y mis partes como pude. Cuando salí, le dije a mi madre que cuando llegáramos a casa quería ducharme, que estaba muy sucia, y ya no volví a decir nada más, me quedé quieta en un rincón sin acercarme a él ni a nadie.

En el tiempo de colegio, los compañeros me hacían *bullying*; incluso cuando jugábamos los niños y las niñas al conejo de la suerte o a girar la botella me hacían besar a una piedra que cogían del suelo, porque yo no tenía derecho a besar a nadie. Solo eran dos niños que se llamaban Manolo y Quique, pero esos dos hacían que mi estancia en el colegio no fuera lo más bonita que debería ser. Me pegaban y me humillaban, y yo no entendía nada de por qué me hacían eso, no tenía apoyo donde poder pedir ayuda. Pero pasan los años y se crece, y por lo menos uno te pide perdón por su comportamiento de niño y el otro te sigue ignorando, y piensas que así es mejor, ya que el hecho de que te ignore hace que sea un ignorante de la vida, si no ha cambiado su pensamiento hacia las personas.

CAPÍTULO 2

Un cumpleaños amargo

Cuando tenía diecisiete para dieciocho años, conocí a Fran. Él tenía diecinueve años y trabajaba como electricista para Sevillana (ahora es Endesa), una empresa de electricidad que estaba arreglando las cometidas que estaban por la calle. Él y sus compañeros paraban en el bar de mi padre para tomar y comer algo. Empezamos a hablar, cada vez estábamos más compenetrados, nos gustábamos y empezamos a salir sin que lo supieran sus amigos ni mis padres.

Él me había dado el teléfono de su casa. Vivía en Sanlúcar la Mayor, un pueblo de Sevilla, y yo en Sevilla capital. En lo de quedar no había problemas porque siempre lo hacíamos después de su trabajo y así nadie se daba cuenta, pero un día llegó mi dieciocho cumpleaños y mis padres querían hacerme una gran fiesta que se celebraría en el bar, así todos estaríamos cómodos y ellos podrían controlar lo que se bebía la gente. Entonces me decidí a llamar a su casa para decirle lo de mi cumpleaños, que dónde y a qué hora sería. Lo que menos me pude imaginar fue que su madre me dijera que su hijo estaba casado y tenía una niña pequeña de dos años. Eso me destrozó por completo, no podía creer lo que me estaba diciendo. Le volví a repetir su nombre y sus apellidos, y la madre me lo confirmó. Ella, confundida y con ganas de matar a su hijo, una vez que se enteró de que yo llevaba saliendo con él más de seis meses y que teníamos planes de hacer cosas juntos, me pidió perdón por lo que me había hecho su hijo.

Cuando llegó el día de mi cumpleaños, yo no tenía ganas de celebrar nada; estaba triste, destruida, y solo quería estar encerrada en mi cuarto y tirada en mi cama llorando. Mi madre se dio cuenta de que algo me pasaba y me preguntó. Se lo conté todo y ella me dijo que ese chico no me merecía, que tenía que ponerme bien, que había mucha gente invitada para mi cumpleaños y que no podía fallarles. Yo hice de tripas corazón y, aunque mi corazón estaba roto por completo, al llegar a mi cumpleaños y ver a mi gente feliz por verme me alegré un poco. Sin embargo, de vez en cuando salía para llorar y desahogarme, porque seguía pensando en él y preguntándome cómo me podía hacer eso a mí y también engañar a su mujer.

Pasado un tiempo, él se acercó por el bar, acompañado por sus compañeros, y me pidió perdón. Aunque me costó perdonarlo, lo hice. Sus compañeros, sobre todo dos de ellos, también se disculparon conmigo, porque sabían lo que estaba haciendo y querían ayudarme, pero no podían meterse en este asunto, debía ser Fran quien acabara con todo y me dijera la verdad. Me dijeron que sentían mucho el dolor que había pasado y que en ellos tenía a unos amigos, los cuales siguen siendo a día de hoy.

Al cabo del tiempo, me lo encontré con su mujer y su hija. Me saludó, un saludo frío, por él no me hubiera saludado, pero me tenía de frente y no podía evitarme, así que me presentó a su mujer y conocí a su hija. Muy linda la pequeña y muy agradable su mujer, qué pena que no supiera lo cretino y mentiroso que era su marido.

Pasados unos años, me reencontré con uno de sus amigos, David. Me contó que se alistó en el ejército de tierra y que perdió el contacto con mucha gente, entre ellas, yo. Me contó que Fran se había separado dos veces y que tenía cuatro hijos de tres mujeres, que ya no vivía en Sanlúcar la Mayor, porque sus padres estaban enfadados por su comportamiento y le dijeron que se fuera, y que en ese momento vivía en Pilas y tenía una nueva novia. Yo le dije a David que ya no me interesaba ese hombre desde hacía mucho tiempo, que lo que él hiciera ya no me importaba ni me incumbía.

CAPÍTULO 3

Una relación con malos tratos

Pasaron unos años y conocí a Josema, que es mi ex ahora. Fue lo peor que hice. Lo conocí por internet, en un chat llamado Habbo Hotel. Son muñecos virtuales que viven en habitaciones que te vas haciendo con créditos, a través de mensajes que mandas a una aplicación que tiene el chat (vamos, te sacan dinero y otras cosas) para poner tu apartamento gracioso. Los muebles que ponías en la habitación que te creabas virtualmente los ganabas o los cambiabas por los que tenías. Al ser un hotel, como en un hotel normal de verdad, hay salas comunes como discotecas, piscinas, comedores, y otras salas dedicadas a charlas, juegos, películas, etc. El problema, que en ese momento no lo era, es que Josema, mi ex, parecía un chico normal. Cuando lo conocí él tenía veinticuatro años y yo, veintiséis. Todo era perfecto: nos reíamos, hablábamos mucho, era demasiado bonito para lo que luego se convirtió.

Pasado un tiempo de estar conociéndonos, se vino a pasar una semana a mi casa. Yo vivía con mis padres en ese momento. Se me olvidaba comentar que él era de Cambados (Pontevedra) y yo, de Sevilla. Para mí que hiciera eso de venir a Sevilla a conocerme era algo maravilloso, vivía en una nube, de la cual caería pronto, aunque no podría salir de ella hasta años después.

Esa semana se convirtió en un mes en mi casa. Vi comportamientos extraños de él hacia mí y me hacía pensar que era yo la que todo lo hacía mal.

Se fue a su tierra pasado ese mes. Tuvimos peleas, de que lo dejábamos, de que seguíamos juntos. Él se fue a Tenerife y me pidió que me fuera con él. Allí no lo pasé bien. La novia de su jefe, que quería finamente tirarse a José, me hizo la vida imposible y tuve que marcar mi territorio. Ella se paseaba desnuda delante de él y él hacia lo imposible por no mirarla, porque me quería. ¡¡¡Sí, me quería!!! Y me sigue queriendo, a su manera, pero lo hace. Después de estar un mes y medio allí, luchando con él y nuestras peleas, y la novia del jefe acosándolo, logré convencerle para irnos de allí.

Nos fuimos a su tierra, Cambados. Iba a conocer a su familia por primera vez. También fue difícil esa etapa, más de lo que me lo podría imaginar. Todo un verano lleno de reproches por parte de él y de la familia. Yo apenas tenía trato con la familia, porque me dijo un día su madre: «Yo quiero a alguien mejor para mi hijo, como su exnovia». Y le dije yo: «Pues, lo siento, pero solo me tiene a mí. No veo que usted le ayude ni le quiera, ni usted, ni su marido, ni sus hermanas».

Él solo tenía una tía que lo quería, que es la que lo crio desde pequeño. Su madre, después de un accidente que tuvo José, cuando tenía cuatro años lo mandó con su tía para que lo criara, pues ella decía que no podía. Tener ese accidente tuvo una repercusión en él, ya que estuvo dos semanas en coma y tuvo que aprenderlo todo de nuevo: hablar, andar y leer.

Fue difícil para él, ya que apenas veía a su familia. Era, como decía él, un repudiado por su madre, su padre y sus hermanas.

Eso hizo que se le creara un odio cada año que pasaba. Cuando cumplió 16 años, su madre y su padre le dijeron que nada de estudiar, que tenía que irse a pescar con su padre. Estuvo unos años pescando, hizo la mili y quiso ser buzo profesional de la marina, pero no pasó las pruebas por poco, se desmoralizó y volvió a que su familia lo rechazara. Otro varapalo más para su ánimo y su carácter, cada vez más huraño y más serio. Cada vez odiaba más a su familia. Quiso sacarse el graduado escolar siendo mayor, porque lo que más le gustaba y le gusta es escribir y, no es por nada, pero escribe bien. Su madre le dijo que eso no le serviría en el futuro y lo deprimió otra vez. Mientras que él seguía trabajando con su padre en la pesca, toda iba bien, hasta que un día le ofrecieron trabajar en otro tipo de pesca con las nasas, ganaría más al ser marisco y pulpo. Para su familia eso fue una deshonra, porque no iba a trabajar con su padre y ya no tendría el control sobre él. En cambio, como traía marisco y pulpo para comer y, sobre todo, más dinero que el padre, entones la madre no decía nada y le ponía buena cara todos los primeros de mes.

En fin, me he ido un poco por las ramas contando parte de su vida, que no se merece ni que mencione, pero esto lo tengo que contar para que aquellas personas que han pasado por lo mismo que yo puedan evitarlo.

La cosa graciosa, por decir algo, es que, después de sacarle de su casa e ir a Salamanca un tiempo, a Marbella, a Málaga y volver a mi casa en Sevilla, nos peleamos. Él encontró trabajo como solador y se fue a vivir a Puebla de Cazalla, un pueblo de Sevilla, que está en el quinto pino desde donde yo vivo.

Creía que ya había acabado mi tormento, pero volví a caer como una tonta: me seguía teniendo cegada y obedecía como un corderito, así que volví con él. Me fui a vivir a ese pueblo con él, encontré trabajo e hice amigos, lo cual a él no le gusto. Él quería que estuviera encerrada en la casa, cocinando y limpiando, que no me relacionara con nadie, exceptuando a mis compañeros de trabajo.

Lo que os quiero contar es que el señorito me pegaba, todo lo que hacía le parecía mal y yo, tonta, me lo creía. Un día me llamó mi madre mientras estábamos paseando. Hasta ahí bien, pero fue preguntarme qué tal y yo contestarle: «Pues aquí dando un estupendo paseo con este maravilloso cielo azul y este pedazo de día que hace». Entonces, al colgar, me arreó una bofetada que me hizo sangre en el labio. Sus amigos y compañeros de trabajo lo vieron y le dijeron que qué hacía dándome una bofetada, y él se excusó diciendo que nadie se tiene que enterar de lo que hace o deja de hacer. Ellos se quedaron atónitos con lo que les soltó. Le dijeron que aquí tenemos esa forma de ser, que fuera la última vez que me pegaba. Él les pidió perdón a ellos por su comportamiento, pero a mí, no. Aunque me molestó, lo volví a perdonar otra vez, y fui tonta, esto no se acabó. Siguió pegándome, hasta que un día por Navidad no puede más y con lo poco que pude coger y, lo más importante, con mi perra nos fuimos, porque jamás se me ocurriría dejarla con él, porque seguro que pagaría con ella su enfado y frustración al irme de su lado. Volví a casa por Navidad, en tono de humor, como el Almendro, como el anuncio de Navidad, un veinticuatro de diciembre.

Pero lo volví a perdonar, por pena quizás esta vez, ya que se había muerto la madre y estaba destrozado. Me pidió ayuda, diciéndome que me necesitaba para superarlo. Se vino a vivir a Sevilla otra vez, pero lo bueno duró poco, cada vez era más difícil ocultar los golpes y las riñas a mis padres. Le conseguí un trabajo en su pueblo, en un hotel de Cambados como cocinero, y él aceptó encantado irse allí. Yo tenía trabajo en Sevilla y me era imposible irme con él hasta que me dieran las vacaciones en verano.

Llegó el verano y me fui a Cambados, se suponía que con él, pero me dijo que no, que a otro hotel. Como el mundo es muy chico, encontré una casa rural que llevaba, sin yo saberlo, la mujer del patrón de barco que estuvo trabajando con él. El patrón y la dueña del hotel, es decir, su mujer, me contaron que Josema había cambiado mucho, que le daban unas crisis que le hacían pensar que todo el mundo era malo, que eso le pasaba cuando se peleaba con su familia, y yo lo entendía. Lo mejor que me llevé de ese viaje es que me hice amiga de esa familia y sigo manteniendo el contacto con ellos, sus hijos son encantadores. Ellos, Juan y Ángeles, que así se llaman, son maravillosos y les quiero mucho, como si fueran de mi familia.

En este viaje que hice a Cambados se me cayó la venda de los ojos, la que me había puesto Josema. Como él trabajaba, yo me dedicaba a salir y a pasear, y me divertía conociendo más lugares de este sitio, los cuales él no me había enseñado cuando estuvimos viviendo los dos aquí un tiempo con la familia de la casa rural y con los huéspedes que en ese momento estaban hospedados. Me di cuenta de que volvía a ser yo, la que era antes, la que tenía don de gentes. Todo estaba bien hecho y dicho, y la palabra «no» no molestaba. Volví a ser la que siempre tenía una sonrisa en la boca y a la que le gustaba hablar con personas diferentes para aprender de la vida, una vida que él me había logrado quitar, pero que ya no iba a hacer más.

CAPÍTULO 4

Empieza mi odisea con los hombres

Mi vida volvió a la normalidad durante unos años y eso estuvo bien. Me metí en una página de *singles*, donde conocí a gente variopinta. Conocí a unos buenos amigos que ahora tengo; otros me defraudaron; volví a reencontrarme con una amiga a la que considero mi hermana, Chusi. Con ella tengo miles de secretos que no puedo revelar sin su permiso. Nos lo hemos pasado muy bien, nos hemos reído de mil cosas que nos han pasado y que hemos compartido. Por ejemplo, de una de ellas, a cuenta de un compañero de su marido, solo puedo decir «*Cinquecento*». Es un tipo de coche pequeño de la marca Fiat, pero el mío era un Chevrolet Matiz. También me vi con mis compañeros de colegio, con los que he hecho una piña y con los que tengo un grupo de WhatsApp; he conocido a gente nueva, con la que salgo al cine. También conocí a mi amiga Aitana, que es una loca de *Harry Potter*, una friki de las películas de *Marvel* y de un millón de cosas más que no sé y una lectora empedernida.

Los hombres que han estado a mi lado, que no he sabido ver cómo eran y el daño que podían hacer, han sido muchos. Ojalá no hubieran sido tantos y solo hubiera salido bien, solo quiero que me respeten, que me traten bien y que me quieran. Todo lo que pido igual sería dado, porque así creo que deben ser las cosas.

El respeto por uno mismo y por los demás, sin dañar a nadie por los actos que cometamos.

Cuando tenía veinticuatro años, conocí a Bruno. Se suponía que tenía veinte años, o eso me dijo. Estábamos mi amiga Rocío y yo en la playa, nos fuimos a una discoteca y se nos presentaron unos chicos, de los cuales uno de ellos era mi vecino Enrique. Me dijo que como amigos no tendríamos nada. A mí me gustaba la idea, porque nunca me gustó él como persona. Enrique se había fijado en mi amiga, y su amigo se había fijado en mí y tenía ganas de tenerme cerca. Bailamos, nos tomamos unas copas y nos pusimos a tono. Después nos fuimos a casa de mi amiga, eso sí, andando, ya que nuestra norma es que si bebemos, no conducimos. Nos fuimos a casa y ellos nos acompañaron. Una cosa llevó a la otra y me empezó a besar, a chuparme el cuello y fue bajando hasta llegar a los pechos, que me los mordió. Yo gruñí, le dije que morder no me iba. Cuando entramos en materia de sexo oral y sexo con penetración, en medio de todo el deseo sexual, me preguntó qué hora es, y yo le respondí que a qué venía ahora eso, y me dijo que su padre lo tenía que recoger. Le dije la hora, le di mi teléfono, porque el suyo se había quedado sin batería, y me dijo que tenía 17 años y que no tenía coche, que quedó con su padre en que lo recogería cuando se levantara y que debía de estar preocupado porque eran las diez de la mañana y no tenía noticias suyas. Yo avisé a mi amiga y a Enrique y les dije que cortaran el rollo, que se había acabado y que cada uno a su casa. Les conté lo que pasaba y se empezaron a reír, yo me enfadé con Enrique, porque él sabía que era menor. Les dije a los tres que era una asaltacunas y Bruno, muy feliz, me dijo que había disfrutado mucho conmigo y que era su primera vez. Con cada cosa que decía, mas vergüenza sentía yo y más sucia creía estar, no quería que se sintiera mal. Me vi cuando era pequeña, cuando abusaron de mí y me sentí culpable. Sin embargo, él estaba súper feliz, me dijo que había sentido amor, placer, un sexo salvaje, y que jamás olvidaría su primera vez.

Me vestí e hice que los demás se vistieran para recibir al padre. Me puse unos pantalones y una camisa con unas bambas para que no creyera cosas que no son. Lo esperamos sentados en las escaleras del porche y cuando llegó pensé que se quedaría en el coche, pero salió a saludarnos. A mí se me puso la cara roja de la vergüenza y, cuando llegó, Bruno nos presentó. Su padre se me acercó y me dio dos besos, con los cuales yo respondí. Le dije que su hijo se había quedado sin batería y se había dormido, y que cuando me desperté lo fui a llamar para le avisara, ya que me había contado que él lo recogería por la mañana. Le pedí disculpas por la hora y porque no supiera nada de su hijo, pero que estaba bien. Le solté cuarenta mil cosas por lo nerviosa que estaba. Los demás se reían por abajo y yo les fulminaba con la mirada. Se despidieron los tres y el padre, Bruno y Enrique se montaron en el coche y se marcharon.

Cuando entramos mi amiga y yo a la casa, nos reímos ya más tranquilas. Me dijo ella que le había cortado el rollo y le dije que a mí se me había cortado también. Nos contamos las cosas con los chicos, le dije que Bruno, con lo joven que era, sabía manejarse bien en el sexo y que era muy maduro para su edad, que hablamos de todo y eso me gustó, pero que enterarme de lo otro no me gustó y que lo recordaría para toda la vida. Ella me contó que Enrique tenía los huevos estilo Ferrero Rocher y le dije que no me contara más, que preferiría no saber nada, porque al tenerlo de vecino siempre recordaría eso.

A Raúl lo conocí de casualidad en un bar. Yo estaba en el cumpleaños de una amiga, me acerqué a la barra con una amiga y él estaba con un amigo pidiendo una copa. Empezaron a hablar, la noche llegó a buen fin para él y para mí. No me malentendáis, me pasó como la mano de la película de *Titanic* en el coche. Lo del coche estuvo bien, pero ya no hubo más, para él fui de usar y tirar, y eso me dolió mucho. Su excusa fue que volvió con su novia y yo solo fui un calentón. No tuvo tacto para decírmelo, fue un desconsiderado, no fue el hombre que me dijo que era cuando lo conocí. Me decía que él no era como los demás hombres, que tratan a las mujeres como a un objeto, y él hizo lo que negaba que haría como los demás hombres.

Uy, los Andrés, ¿por cuál empiezo?

El primer Andrés resultó ser amigo de mi primo Sergio. Fue mal, muy mal. Por mí, debí dejarlo en solo hablar por Facebook, pero me dejé llevar y quedé con él un día entero. Estuvimos en su casa y follamos como locos, después nos fuimos a casa de sus padres, que vivían al lado, para llevarnos algo de comida y coger unas torrijas que había hecho su madre, ya que era Semana Santa. Sus padres se fueron a ver pasos, ya que tenían silla en la Campana, una parte del centro de Sevilla. Él me enseñó su habitación y me regaló un pantalón vaquero que el padre vendía. A continuación nos echamos en la cama y empezamos con los juegos sexuales hasta tener sexo, un sexo loco y divertido, lo pasamos genial. Después decidimos irnos a tomar algo cerca de la catedral, nos hicimos unas fotos en el barrio de Santa Cruz, todo estaba fluyendo. Nos volvimos a su casa y me preparó la cena, ya que le gustaba la cocina y quería sorprenderme. Puso una ensalada con queso de cabra caliente, unas pechugas asadas y fresas con nata, que la utilizamos en nuestro cuerpo para hacer juegos de seducción. Al día siguiente en el desayuno, que volvió a preparar él, hablamos de todas nuestras cosas y decidimos estar viéndonos los fines de semana o cuando se terciara, sin compromiso. Lo reconozco, después de ese día que pasé con él me pillé por ese capullo. Siento decir esa palabra, pero es eso y más. Sobre todo cuando él y mi primo me hicieron tanto daño, me costó mucho superar lo de mi ex y todavía está en mi mente y sigo con miedo, un miedo que no se me quitará nunca, porque siempre tendré la cosa de ¿será capaz de volver a buscarme?

Cuando llamó Andrés a mi casa, se puso mi madre y le dijo que era amigo de mi primo Sergio y que yo tenía un problema con él, que él no quería nada conmigo, pero que yo estaba pillada por él. Le dijo que era amigo de mi primo y que no quería tener problemas, que yo solo había sido un polvo, lo cual era mentira, porque cuando quedamos un día entero y me quedé en su casa dormir, estuvimos todo el día follando. De la caja de veinticuatro preservativos que compramos usamos veintiuno, o sea que no fui un solo polvo. Eso me dolió, me cabreó y me hizo sentir sucia. Que tu propio primo te haga daño, sabiendo por lo que has pasado con tu ex y con él…, pero eso no lo recuerda, ¡claro! Que encima le diga a su amigo (os sigo hablando del primer Andrés) que estoy desequilibrada mental y emocionalmente debido a lo de mi ex, cuando no es verdad, duele mucho, más aún cuando Andrés se lo cree. También duele cuando le dijo que no debía salir conmigo, porque mi padre era su padrino y mi madre era su jefa en la televisión, que no quería tener problemas con ninguno de los dos. Me hundió y eso no se lo he perdonado ni creo que se lo perdone en la vida. Lo de Andrés ya pasó, pero mi primo me sigue haciendo daño, y mucho, y lidiar con eso es muy difícil.

Han pasado años y sigue dirigiendo mi vida. Siempre me tiene a su merced, me coge cuando quiere y me hace daño sin venir a cuento, pero por fin me he enfrentado a él y eso va a ir cambiando, aunque tenga que romper con todo lo que me rodea de mi vida.

Al segundo Andrés lo conocí, no os riais, en un chat para conocer tíos que se llama Adopta a un tío. Todo estaba bien, empezó bien, quedamos varias veces, nos hicimos una foto en la cual nos besábamos, cenamos, conocí a su hijo, vimos películas los tres juntos. Una de las veces, se quedaron los dos dormidos en mi regazo, uno a cada lado, me gustaba estar con ellos y sentirme como alguien más de la familia. En la última cita que tuvimos, me presentó a la hermana. Era su cumpleaños y le hice una tarta grandísima, unos bombones rellenos de crema pastelera y avellana, y también le hice un regalo: unas camisetas, una comprada y otra dibujada por mí y hecha por mis manos. Pero ese mismo día cambió toda la felicidad que tenía con él. Me dijo que estaba conociendo a otra, que era su novia, y me colocó a la hermana para salir porque ella también estaba soltera. Fue un amor pasajero que me hizo daño. Está claro que los cumpleaños no son buenos para mí, me entero de cosas que acaban mal.

Lo bueno de todo esto, aunque algunos después de leer esto no lo vean así, es que somos amigos y hablamos varias veces al mes para saber cómo estamos.

El tercer Andrés, madre mía, dos metros de tío. Estuvimos un año conociéndonos, hemos quedado muchas veces, pero él es de Vox y le sentó como tres patadas en el estómago que yo fuera a una manifestación sobre el maltrato a la mujer, en contra de las cosas que decía su partido. Él es guardia civil, me decía que yo iba a esa manifestación porque el PSOE ya no estaba en el poder de la Junta de Andalucía, y yo le dije que no, que iba por lo de la violencia de género y me soltó que no, que yo iba a lo que él decía y no se hablaba más. Yo le volví a decir que iba a lo del maltrato y que a mí nadie me mandaba callar. Y hasta ahora sigue sin hablarme, lo cual me da igual. Allá él, que se ha puesto en su lugar.

Es un tío un poco raro, cuando quedábamos, se ponía a vigilar a los coches por si estaban mal aparcados y apuntaba las matrículas para ver si tenían alguna multa puesta o cualquier otra cosa. Yo alucinaba, pero, como ya os he dicho, ya me da igual lo que haga, mientras no me hable ni me diga nada.

Sé que a veces mira mi estado en WhatsApp, pero solo eso, mira y no me habla, lo cual se lo agradezco con toda el alma.

Llega leo, un tío divertido, cocinerillas, cariñoso, agradable y amable. Trabajaba en organización de eventos y en el *Cirque du Soleil* como técnico de iluminación. Estuve con él seis meses, en los que nos lo pasamos muy bien y estuvimos bien, nos divertíamos, escuchábamos música en su casa, salíamos por la calle Betis en Triana, a un *pub* con camas balinesas en el parque del Prado y nos lo pasábamos chachi, hasta que me sisó dinero para drogas. Me di cuenta de que se ponía muy efusivo, apenas dormía y siempre estaba despierto, así que le puse una trampa y me aseguré de que él me robaba. Tuvimos que terminar la relación, ahora ya no es un drogadicto y somos amigos, le perdoné, pero no me fío, así que solo somos amigos. Se me ha olvidado mencionaros que resultó ser el ex de la hermana de Andrés, el amigo de mi primo Sergio, que ahora la hermana de Andrés es esposa de mi primo. Es un lío, ¿verdad? Tengo una puntería que no veáis...

Me duele no tenerlo a mi lado todavía, sé que es mi amigo, ahora vive en Madrid y de vez en cuando baja a Sevilla para ver a su familia y algunos amigos. Hablamos por teléfono para saber cómo estamos, quiero que vuelva a Sevilla y que retomemos una amistad más buena, sin mentiras y sin rencores por mi parte.

A Iker, cuya historia es difícil de contar, lo conocí por otro chat llamado WeChat. Me dijo que era cirujano de la espalda, y yo dije: «Cirujano traumatólogo, querrás decir», y él respondió: «Eso es». Fueron tres meses de verdadero estrés, miedo y desesperación, hasta que los vecinos llamaron a la policía una noche que me estaba dando empujones fuertes contra la pared. Me puse a llorar e intentar calmarlo, pero no había manera. Tiraba todo al suelo y por el balcón, se asomaba y sacaba medio cuerpo diciendo que lo observaban, era desde un octavo donde vivía. Esa noche se queda para mí, fue terrible. A las ocho de la mañana llamaron a la puerta, eran seis policías nacionales. Entraron al piso, yo minutos antes había logrado calmarlo un poco, lo mío me estaba costando, estuve toda la noche sin dormir, sin que él se diera cuenta yo había hecho mi pequeña maleta y la puse en la entrada. Él no se había percatado de eso, lo que yo quería era que se durmiera e irme cuando no se diera cuenta, pero al llegar la policía, él seguía nervioso, me sacaron y se pusieron hablar conmigo. Les conté el episodio de toda la noche y su comportamiento raro todos los días, hasta que ellos llegaron. También les dije que había sufrido malos tratos antes y que no quería volver a pasar por eso, así que ellos cogieron mis cosas y me ayudaron a salir de allí, sin que él intentara algo. Solo tuve una llamada de él ese mismo día, preguntándome por qué lo había abandonado, y le dije que porque tenía miedo de que se hiciera daño él y a mí de paso.

A las semanas de dejarlo se suicidó. Él había conocido a otra chica, a la que le pasó igual que a mí y se fue. Pasados unos días, lo encontraron muerto en su casa, dejó una nota diciendo que no podía con la vida que llevaba.

Me sentí culpable de no haberlo ayudado, pero no podía hacer nada porque él no se dejaba ayudar y en eso mi conciencia está tranquila, porque el tiempo que estuve con él, aunque estuve poco y fue un infierno, yo intenté de que estuviera bien.

Hay otro chico, Romu, este parecía bueno. Trabajaba como mecánico. Lo nuestro duró tres meses, tampoco mucho, lo sé, yo creía que duraría más, la verdad. Él es estupendo y buen tío, se puede hablar con él de muchas cosas y con tranquilidad, no te dice ni una mala palabra. Una de las veces que salimos fuimos al cine y ahí se fue la magia, porque, mira que hay películas, pero eligió una que le recordó a su ex y entonces decidió volver con ella. Mala suerte la mía… ja, ja, ja, me rio por no llorar.

Mi relación con José Luis ocurrió entre la de Andrés, el amigo de mi primo, y la de Leo. Os digo sinceramente que fue por despecho y por joder a mi primo y a Andrés, porque yo no lo quería, yo seguía pensando en Andrés, hasta el punto que en un acto de intimidad que tuvimos José Luis y yo nombré sin querer a Andrés. Además, José Luis me quería para estar cuidando de su madre; siempre que quedábamos era en su casa y nada de calle, y eso también me cansaba, aunque también he de decir que los encuentros sexuales eran divertidos, pero eso solo no es lo que buscaba y le di puerta pronto.

Uy, John cuyo alias no sé si decirlo, bueno, sí, de perdidos al río: Fetichista. No me malinterpretéis otra vez, él es agradable, un poco raro, se puede hablar con él sobre todo y, si le nombras los pies, pues ya ni digamos, son su debilidad. A mí me da un repelús que no sabéis, porque sinceramente veo que me los corta, me mata y se lleva mis pies. No lo puedo evitar, pero es lo que me echa para atrás. Él ha querido volver a quedar; de hecho, hemos quedado unas cuantas veces, pero la última me acojonó. Me dijo que si mis pies eran preciosos y delicados, que le gustaban las sandalias que llevaba, que si dábamos un paseo por el parque… Ya era de noche, casi iban a cerrarlo por la hora que era y a mí se me vino a la mente que me dejaba sola allí, muerta y sin pies, así que le dije que mejor me iba a mi casa ya que era muy tarde.

Se cabreó y me bloqueó de Facebook, porque yo no entendía que él era fetichista, pero él tampoco entendía que me diera repelo aquello. Yo sí entendía, y entiendo, que sea fetichista, pero hasta cierto punto, porque ha vuelto a hablarme y me pregunta todos los días que cómo están las plantas de mis pies, así que yo ya ni le contesto. Además, la revelación que me hizo me estremeció más y volvió a mi mente lo de que él me cortaba los pies.

El segundo Jacobo es… ¡buf! He de reconocer que me sigue gustando y, si cambiara, sería perfecto, pero sé que tengo que alejarme de él. Es buena persona y me lo paso pipa con él, pero la vida que lleva no me conviene. Es drogadicto, he tenido que ocultar a mi gente y amigos que, en vez de estar trabajando en Cádiz y Granada en una empresa de saneamientos, se dedicaba al narcotráfico y, al final, fue pillado por la policía y estuvo dos años en la cárcel. Aunque ha vuelto, me ha buscado y he quedado con él, después de estar en su casa y acostarme con él, tomé la decisión de no volver a verlo, porque me puedo meter en problemas y no está en mis planes ni en mi vida.

Además, estuve dos años recibiendo pocas noticias de él. Me prometió cosas que cuando ha venido no ha cumplido y yo no me enteré de sus andanzas hasta que llegó. Él lo quiere todo para ya, aunque sean las doce de la noche, y yo tengo que dejar todo lo que estoy haciendo en mi vida para estar con él un rato, y eso yo ya no lo consiento. Así que lleva meses sin hablarme, porque no le sigo su juego, tampoco sé nada de él y no tengo ni idea de en qué anda metido.

Bueno, ¡José María! Es de Punta Umbría, trabaja en el hotel Barceló, es camarero. Estuvo bien el tiempo que nos estuvimos conociendo. Fui hasta allí para estar con él y estuvimos muy cómodos, sentía que había una conexión entre nosotros dos. Las vacaciones las cogí en Punta Umbría para poder vernos, hasta que una amiga de él se metió por medio, aunque, sinceramente, creo que ya estaba metida cuando yo lo conocí y él solo estaba esperando a que se separara. En ese transcurso me conoció, se aprovechó de mí, me decía que no era como los típicos hombres que solo se divertían una noche y lo dejaban sin más, eso me gustó de él, pero poco después, cuando tuvo el campo libre, dijo: «Adiós, muy buenas». Fue jodida, con perdón de la palabra, la forma en que me dejó. Eso sí, no me dolió mucho, algo es algo, ¿no?

Luismi es policía municipal, buena gente, pero capullo. Estoy diciendo muchos tacos, ¿verdad? Pero es que algunos se lo merecen y creo que me quedo corta. Os voy a contar lo que me pasó con este.

Lo conocí a través de un amigo suyo que era su compañero. Él es el típico policía *buenorro*, al que toda mujer desea ver con uniforme; simpático; agradable, claro, que es su don para engatusar a las mujeres para tenerlas a su merced para cuando él quiera quedar con ellas y tener sexo. Eso lo digo yo ahora, que caí en sus manos como una tonta. Quedé con él y con unos amigos suyos, creo que estaban a ver con cuál de ellos me iba, y se dio cuenta de eso porque un amigo de Luismi se puso muy pesado conmigo, y eso le molestó a Luismi, porque él quería tenerme a mí. Yo sabía lo que quería, así que corté el rollo con su amigo Paco y me puse al lado de David para que entendieran que había venido con él y con él me iría pasara lo que pasara.

Entonces pasó lo del mencionado antes «*Cinquecento*». Mi coche era muy chico y él le puso ese nombre, pero no os podéis imaginar cómo se apaña el tío dentro del coche. Vamos, que está claro que domina muy bien ese terreno. Después de unos días quedamos Luismi y yo con sus amigos, y él se puso a ligar con la amiga de mi amiga Chusi, y eso me dolió en el alma, porque lo estaba haciendo delante de mí sin importarle mis sentimientos. Estuve unos días de bajón, pero se me pasó, porque no merecía la pena. Al cabo de un año y algunos meses, o cosa así, me mandó unos whatsApp: uno diciéndome que si quería ir con él a un sitio de intercambio de parejas, y yo aluciné. Teníamos que ir disfrazados, me harté de reír. Le dije que no, que no me iban esos rollos. Después de leer a Megan Maxwell, no es que me guste eso, pero me pica la curiosidad de cómo son esos sitios, la verdad; el otro mensaje decía que si quería irme a su casa a pasar la noche con él. También le dije que no, no me apetecía ser rollo de una noche, aunque lo conociera.

Le comenté a mi amiga Chusi todo lo que me había pasado con él y le enseñé los mensajes. Ella me dijo que me estaba engañando, que tenía novia, que se iba a casar y que estaban viviendo juntos. Yo me quedé helada y en ese momento decidí bloquearlo y ya no saber más nada de él. Es mejor así.

A Israel lo conocí por Facebook, porque pusieron un comentario sobre motos, ya que él corre de vez en cuando en un circuito. Él es electricista y estuve un tiempo con él, salimos unas cuantas veces a cenar, al cine, a pasear… Nunca fuimos a su casa: si queríamos sexo, él pagaba un hotel. Hasta que de repente desapareció, volvió a aparecer y volvió a desaparecer. Es un sinvergüenza de los buenos, que me engañó como a una tonta. Bueno, lo grave es que no solo a mí, sino que he descubierto que había más chicas que supuestamente creían que eran las únicas, eso les hacía creer él, pero después ha resultado que no. Hemos contabilizado ellas y yo que somos unas diez, pero no estamos seguras. Me enteré gracias a una que estaba con él en Barcelona y me llamó para preguntarme si conocía a Isaac, de qué lo conocía y si había estado con él o estaba. Se quedó un poco *plof* cuando le conté todo lo que había tenido con él. Se enteró de lo mío por casualidad, al ver un comentario en Instagram diciéndole que dónde estaba, que si estaba bien, que estaba preocupada sin noticias suyas. Nos hicimos amigas.

Conocí a Óscar en el gimnasio. Era un tío que quitaba el hipo nada más mirarlo, pero que nada más que hablabas con él, veías que era un cachito de pan. Te hablaba con tacto y delicadeza, te enseñaba a manejar las máquinas del *gym* y te decía qué clases te venían bien por tu forma física. Empezamos a salir, íbamos al cine, a cenar, a tomar algo o simplemente a charlar. Estábamos los dos muy bien así, saliendo sin tener compromiso el uno con el otro. Disfrutábamos los dos de nuestras compañías, nos contábamos cosas que nos preocupaban, nuestros planes de futuro laborales, no nos guardábamos secretos, o eso creía hasta que me contó que era bisexual y que mantenía una relación con una chica y un chico, y que yo era la tercera. No lo entendí, no que fuera bisexual, sino lo de tener tantas parejas y no decírmelo desde el principio para tener la oportunidad de decidir si quería ser parte de su juego o no.

Decidí no continuar con esa relación y él se lo tomó a mal, pues él quería seguir conmigo y con los otros dos. Se cogió tal mosqueo que se quitó del gimnasio y se fue a otro. Tampoco lo entendí, no era para tanto que estuviéramos los dos en el mismo sitio y que fuéramos amigos, pero, bueno, él lo quiso así y respeté su decisión.

CAPÍTULO 5

La etapa *single*

Conocí a varios chicos en Single, que son quedadas de solteros y solteras. Está claro que, a pesar de lo que llevo conocido, sigo siendo una tonta con respecto a los hombres. No me entero de que en estos años no quieren nada serio, sino que quieren a las mujeres para usar y tirar, para tenerlas como objetos y, cuando ellos quieran, llamarlas para tener sexo.

Todo esto lo vi en esas quedadas con Alfonso, Enrique y Jesús, tres hombres en diferente tiempo de quedar que me decían cositas bonitas al oído, que me llevaban a donde querían ellos para tenerme a su merced y dejarme tirada y rota, o a medias.

Empecemos por Alfonso. Él fue con su hermano, el hermano era un encanto, se lo trajo a la quedada porque Álvaro estaba destrozado por la ruptura que había tenido hacía meses debido a que la novia lo había dejado.

Un día lo conocí, lo vi simpático y un poco borde, pero no me importaba, ya que si me trataba bien, puede ser como quiera. Craso error el mío. Ese día que lo conocí, iba con una amiga que también conocí en la quedada, para no ir cada una por un lado y que nos diera corte a la hora de presentarnos. Quedamos las dos y nos presentamos en la quedada, entonces vimos a los hermanos. Ya habíamos hablado con Carlos, su hermano, por Messenger y le habíamos dicho que íbamos a ir a la quedada juntas. Él estaba encantado, nos dijo que se llevaría a su hermano, así que nos presentamos, nos separamos del grupo y nos fuimos a cenar los cuatro. Charlamos, nos fuimos a tomar unas copas al *pub* de moda en ese tiempo en Sevilla y, después de varias horas, nos separamos. Mi amiga Eva y Carlos se fueron a la casa de él, y yo me fui con Alfonso, que me quería enseñar su casa, qué ingenua. Llegamos a su casa, me fue enseñando poco a poco cada estancia hasta dejar para lo último su dormitorio. Y yo me dejé llevar como si nada, me entregué a él en cuerpo y alma, pensando que le gustaba, que todo podía surgir y fluir, pero me equivoqué al cien por cien.

Alfonso solo quería desahogarse, no pensar en su ex y hacer eso de «te he visto, te he follado y ya no me acordaré más de ti». Eso lo comprobé en las quedadas siguientes, con su ignorancia, su desprecio, su dejadez y antipatía. Al principio me parecía encantador, pero ahora esas borderías hacia mí me estaban doliendo con cada palabra que me decía.

Me decía que él no era nada mío, que solo quería follar y olvidar por un momento, y que ese día haría lo mismo con otra.

Y ahí se acabó todo con él.

Después conocí a Jesús. Este era muy educado, también halagador, te decía palabras bonitas, te hacía sentir cómoda. La velada con él estaba siendo agradable, hasta que las demás chicas que había en la quedada y que estaban detrás de él se dedicaron a criticarme y a decir por lo bajo: «¿Esta de qué va? Si no tiene tipo, esta quiere acostarse con él», y eso me estaba doliendo, pues yo no había quedado con Jesús para tener sexo, sino para conocernos, entablar conversación y tener una amistad que durara.

La cosa se torció cuando después de quedar varias veces y creer que todo iba bien, decidimos quedar en su casa para cenar. Él prepararía la cena y yo llevaría el vino, hasta ahí bien, pero cuando se calentó la cosa, nos besamos, le di un masaje, se puso a tono y la temperatura de mi cuerpo subió. Nos pusimos a tocarnos y empezamos con el sexo oral. El querido chaval, cuando yo estaba a punto de explotar de placer, paró y me dijo que estaba cansado, que mejor nos dormíamos. No me dijo: «Lo dejamos para mañana, me pasa esto o lo otro». ¡¡NO!! Él se echó a dormir y me dejó caliente pérdida en la cama. Así que yo cogí, como comprenderéis, tal revote que me levanté, me vestí y le dije que de dormir nada, que me tenía que llevar hasta donde estaba mi coche, que me iba a mi casa. Él se levantó de mala gana, me llevó al coche y se despidió diciéndome que nunca se acostaría conmigo, porque no soy su tipo de mujer. ¿Y cómo me quedo yo? Muerta de vergüenza, de dolor y mi corazón hecho añicos.

Otro palo más en esto de las quedadas, pero no por ello aprendí, puesto que volví a quedar con otro hombre, aunque, la verdad, no se merecen que les llame hombres, son niñatos jugando a un juego.

El último que conocí en esto de las quedadas de Single fue a Enrique. Las chicas que ya le conocían ya me habían advertido de que él era un mujeriego de mucho cuidado, que no me fiara de él, y muy mal por no hacerles caso.

Él me convenció de que no era el hombre que me pintaban, que él quería encontrar a una mujer para toda la vida y que las que había conocido no lo entendían y no buscaban lo mismo que él. Yo me creí todas esas mentiras, claro está. Quedamos varias veces, siempre con gente, hasta que le dije de quedar a solas los dos e ir a tomar algo para poder hablar tranquilos y besarnos sin estar a escondidas para que ninguno de sus amigos nos vieran, como hacíamos cada vez que quedábamos con ellos.

Él accedió y pusimos un día para quedar en la Alameda, un sitio tranquilo aquí en Sevilla. Quedamos a una hora, en tal sitio. Yo me duché, me arreglé, me puse mona y me dirigí al sitio en cuestión. ¿Y qué pasó? Que no se presentó, me dejó plantada. Lo llamé y a la cuarta llamada me lo cogió y me dijo que había quedado con una chica, con la cual se iba a acostar y que sabía que conmigo no lo haría porque me veía como una mojigata. Yo me quedé con la boca abierta y le colgué, cogí el coche y me dirigí a mi casa llorando desconsoladamente.

Y ya entonces decidí que nunca volvería a estas quedadas para conocer gente. Allí sí que conocí a amigos que tengo ahora, pero mi experiencia no fue buena, me dolieron mucho sus comportamientos, sus faltas de respeto y tacto, como hombres dejaron mucho que desear, y algunas personas de las quedadas a las que fui no tienen calidad humana alguna. Por eso no volví nunca más a esos sitios, aunque se siguen haciendo y me siguen invitando, pero siempre rechazo la invitación.

CAPÍTULO 6

Las *app*

No os recomiendo la *app* Conocerse, es difícil conocer a alguien ahí. Si no pagas para poder hablar con algún chico que te muestra la *app*, te enseña el caramelito y, cuando le vas a dar me gusta, te dice que para hablar con él tienes que pagar y que si vas pagando más, más opciones tienes con el chico. Pienso que es una estafa de las buenas, pero aun así conocí a Judas. Sí, lo que leéis, así le puso de nombre su querida madre, me dijo, aunque he de deciros que le va como anillo al dedo. Lo que me hizo no tiene otro nombre, qué traición. Os cuento:

Judas

Es músico, toca el piano y la guitarra, hace piezas para series y orquestas de pueblo.

Cuando nos fuimos conociendo por la *app*, nos contamos nuestras cosas, como qué nos gusta, qué hacemos, nuestro *hobby*… Todo lo que se nos ocurría, lo decíamos y estábamos bien. Yo le mandaba audios cantando y me decía que a mi voz le iba un tipo de música negra y que, cuando quedáramos, me llevaría a su estudio y me pondría a grabar mi voz con algunas de sus composiciones. Me decía que esas maquetas podría mandarlas a un productor que él conocía. Yo estaba ilusionadísima, como comprenderéis. No paraba de grabarme cantando sus letras con su música. Cuando creía que por fin iba a conseguir mi sueño, él lo logró estropear con sus manos largas, diciéndome que de alguna manera le tendré que pagar todo lo que estaba haciendo por mí. Yo me puse a la defensiva, no quería pasar por lo que había pasado antes y llevo pasando a cuenta de mi primo.

Le dije que ni se le ocurriera ponerme la mano encima, que yo no le debía nada y que ni siquiera había conocido al productor que iba a lanzarme musicalmente. Su respuesta fue que yo no daba el perfil que él y los demás querían, que solo era una buena voz y que querían un cuerpo con tetas grandes, aunque no supiera cantar bien, ellos lo arreglarían para que todo estuviera bien. Me dijo que yo solo había sido un juguete para ver cómo quedaban sus canciones, que ya tenían a otra para cantarlas y que yo no les servía a no ser que hiciera lo que él quisiera.

Me dolió, porque nos dábamos besos, pero no llegábamos a más, ya que yo no quería, prefería que fuéramos amigos y que se fuera forjando nuestra relación poco a poco. Él traicionó la confianza que le estaba dando, él quería poseerme, que fuera suya y tenerme atada siempre con la música, que era mi debilidad.

Sé que las *app* de citas no son los mejores sitios para conocer a alguien, ya que es mejor en persona. Las miradas, los gestos y sus palabras son lo mejor para conocer a las personas que tienes en frente. Me prometí no volver a una *app*, pero no se puede decir que de esta agua no beberé, porque bebes y bastante.

Tardé en entrar en otra *app*, me costó mucho la decisión de entrar y volver a abrir mi corazón, pero lo hice y, aunque me arrepiento de algunos, de otros no porque son de mis mejores amigos ahora. Allí encontré a:

Diego

Lo conocí en Pof. Sí, lo sé, otro de otro chat. Es para comérselo a besos. Cuando lo conocí estaba en un momento en el que se había separado de la novia, y estaba todo guay. Tuvimos un rollo y no llegó a más, porque decidimos valorar más nuestra amistad y, además, él en realidad quería darle una oportunidad a su novia y arreglar las cosas que se estropearon por parte de los dos. Su novia le quiere mucho, lo entendió y le animó. Ahora es mi mejor amigo o, mejor dicho, mi amigo del alma. Eso no lo cambio por nada, no voy a fastidiar mi amistad y su vida con su novia por estar con él. Ahora se van a casar y, aunque me duela porque mi complicidad con él es especial, sé que se verá reducido todo a lo que tenemos, así que me alegro mucho por él y por ella, a quien no tengo el placer de conocer, pero me gustaría que ella supiera que tiene mucha suerte de tener a Diego. Él también tiene suerte, porque sé por él que es una buena mujer y maravillosa y con eso es con lo que me quedo. Él es feliz, es mi amigo y le quiero mucho, ahora de otra manera, claro.

Diego y yo nos hemos visto más de una vez y hemos intimado, no podemos evitarlo, es una conexión brutal la que tenemos. Aunque intentamos no rozarnos, siempre que nos vemos nos besamos y de ahí pasamos a las caricias, a devorarnos y a hacer el amor, con pasión y sintiéndonos el uno al otro.

Lo malo viene después, que nos arrepentimos de hacerlo, pero, como yo le digo, no puedo evitarlo, me enciendo al verle, al tocarle y al besarle. Él es mi debilidad y me encuentro cómoda con la situación que tenemos, no necesito nada más. Vamos, de momento. Él me ha dejado claro desde el principio lo que hay y, como dije antes, no voy hacer nada que estropee mi amistad con él.

Cristóbal

Lo conocí, ya ni me acuerdo, pero seguro que sería en otra *app*, para no perder costumbre. Quedamos por su barrio la primera vez a tomar algo, estuvimos muy bien, no insinuó que después iríamos a su casa. Se nos pasaron las horas muy rápidas, charlando, riéndonos y bebiendo refrescos, porque a él tampoco le gusta el alcohol. Las otras citas fueron igual de bien. Salíamos a comer o a cenar, de copas, y siempre acabábamos riéndonos a carcajadas. Una de las veces él vino a donde yo vivía, a mí me acababan de hacer una CPRE, así que le dije que no estaba para mucho trote, que como mucho podría tomarme un zumo. Él me dijo que ya veríamos, que si iba a mi casa, sería para algo más. Yo pensé: «¿Qué querrá hacer este? Si yo no puedo hacer nada, como me han dicho los médicos…». Entonces llegó a casa, me recogió y al final no tomamos nada. Nos quedamos en el coche en la parte de atrás charlando, él empezó a besarme los labios, el cuello, los pechos, yo le decía que parase, que no podía tener sexo ese día, pero él seguía en sus trece: me decía que lo haríamos despacito, solo jugando con las manos y que, cuando estuviéramos a punto, ya podríamos follar. El problema de siempre, que me dejé llevar y me entregué a él por completo.

Pasados unos días, volvimos a quedar y yo estaba recuperada. Nos fuimos a cenar y después a su casa, donde follamos como locos, nos duchamos y volvimos a follar, esta vez más pausado, más relajados, y nos quedamos dormidos abrazados. Me desperté a las seis de la mañana, me despedí de él y me fui a casa.

A partir de ese día todo cambió y ya no nos volvimos a ver nunca más, me bloqueó en todos los sitios y no me dio ninguna explicación, así que yo decidí no buscarlo más ni saber de él, no me gustó de la forma en que lo había hecho.

Félix

Fue otro que conocí en Pof. Es policía nacional. Vamos a ver cómo os cuento todo esto.

Él me tiene cuando quiere: quedamos, él viene siempre a donde vivo, cenamos, nos besamos, nos amamos en ese momento, pero él no quiere nada serio. Es un hombre difícil, sé poco de él, de su vida, de su persona, pero me encanta, me hace sentir bien, me enfado mucho con él porque le digo que me está engañando, que solo juega conmigo, y él se cabrea y me dice que no me engaña, que siente algo por mí, pero lo que siente no es estar conmigo toda la vida. Yo sé lo que hay y, aunque me tenga atada, atada y a su merced, yo me dejo que haga conmigo lo que quiera y, aunque me duele y me desespero, me siento atrapa por él, por su persona.

Con él es todo difícil, por alguna razón no quiere que vaya a su casa, dice que la comparte con un compañero y que no quiere molestarlo. Eso hace que desconfíe y le tire puyas con ese tema, y se enfada, me dice que si quiero, lo dejamos y no nos vemos más, pero después me dice que lo perdone por decirme eso, que entienda que no me cuente de su vida, ya que es un policía de la secreta y, cuanto menos información dé, menos sabrán de él.

Yo lo entiendo, pero me cuesta aceptarlo. Hacemos algunas videollamadas solo para saber de nosotros y vernos, y otras subidas de tono, no entro en detalles, que ya me entenderéis y, si no, imagináoslo… ji, ji, ji.

Moi

Fue divertida la semana que duramos, porque sabíamos que esto no duraría mucho, ya que se iba a vivir a Nueva York. Allí había encontrado trabajo como informático y, aunque estaba bien conmigo, no quería perder la oportunidad de trabajar allí. En parte lo entiendo, si estuviera en su lugar, no lo duraría, me iría a trabajar allí y no tendría ninguna relación a distancia. Nos costó separarnos, aunque yo sabía que me olvidaría pronto porque, como él me dijo, le gustan mucho las mujeres y no para un rato, sino para muchos ratos, y si son más mujeres en su cama para él solo, mejor.

Aunque él es así, que le gusta tontear, es respetuoso, no te insiste si no quieres. Se adapta a lo que tú quieres y te gusta y, si a él también, entonces el disfrute es mucho mejor, pero duró poco y se fue, y, aunque me doliera su marcha y no quisiera que se fuera, le deseé lo mejor. Ahora él tiene una relación seria y quiere casarse en un futuro y, cuando hablamos, muchas veces recuerda esa semana que estuvimos juntos y que tan bien lo pasamos. Piensa en qué hubiera pasado si se hubiera quedado, y yo le digo que él no hubiera sido feliz, porque estaría pensando siempre que perdió la oportunidad de trabajo que tenía. Que yo le diga eso para él tiene mucho valor, porque siempre apoyé su decisión. Siempre me lo agradecerá y tendré un amigo toda la vida, aunque sea en la distancia.

Pepe de Isla Cristina

Lo conocí también a través de una *app*. Hablábamos mucho todos los días, tres veces al día: nos dábamos los buenos días y nos mandábamos fotos y besos, hablábamos mucho y nos dábamos las buenas noches y dulces sueños con un beso. Así estuvimos meses y meses. Llevábamos dos años de amistad cuando él decide romper con todo lo que habíamos creado, la amistad pura y bonita que teníamos. Decidió volver con su exnovia, porque ella le echaba de menos y quería estar con él. Vivían cerca el uno del otro y, aunque ella se había liado con otro hombre mientras estaban separados, se había dado cuenta de que no le llenaba como Pepe le llenaba a ella, y él decidió volver y empezar de nuevo, dejándome a mí de lado, cuando teníamos algo que habíamos formado en dos años de confianza ciega del uno hacia el otro. Ella le pidió que tenía que romper con todo lo que tenía, que no podía tener amigas, ya que era muy celosa y no soportaría que hablara con nadie, él accedió con los ojos cerrados, él la obedecía.

Llegó a decirme que teníamos que dejar de hablar, que si no, tendría problemas, y eso me enfadaba, pues no entendía que por hablar y preguntarle cómo estaba deba desconfiar de él. Pasado el tiempo solo le he mandado un mensaje para saber cómo seguía y felicitarle la Navidad, y sus respuestas eran diciéndome: «No me mandes más mensajes, que se cabreará si lo ve». Y yo le decía: «¿Cómo se va a cabrear por felicitarte la Navidad? Estamos tontos». Y él se enfadaba conmigo, en vez de con ella.

Pasado un tiempo, varios años, él fue padre y subió una foto de él y su niña a una *app*. Yo la vi y le puse que sabía que no quería que le hablara, pero que me alegraba saber que estaba bien y que había sido padre. Él me rogó que, por favor, no le hablara más, que me daba las gracias, pero que el hecho de que yo le hablara ponía en peligro su relación con su novia y su niña. Eso me dejó descolocada, no hacía nada malo por preguntar y me dolió mucho su comportamiento hacia mí. Al final decidí borrar su contacto para así no hablarle más y no saber nada más de él.

Pablo

Parecía un hombre y era un niño. Era un chaval muy maduro para sus veinticuatro años, yo tenía en aquel entonces treinta y seis, y me sentía una asaltacunas por tener una relación con alguien tan joven. Ya me pasó antes como os conté al principio, pero me dejé llevar porque me divertía y disfrutaba de su juventud. Hacíamos cosas de jóvenes enamorados, nos gustaba disfrutar de la playa, y jugábamos en el agua tocándonos y poniéndonos a tono.

Pero todo lo bonito se acabó cuando se cruzó una chica de veintidós años y lo tentó. Lo llamaba con la mirada, se contoneaba, y yo no podía competir con una chica tan joven. Él me decía que solo tenía ojos para mí, pero yo sabía que a él le gustaba y decidí dejarlo libre y que quedara con ella.

Él me pidió perdón porque no me quería engañar y me dijo que se había acostado con ella. Yo lo entendí y le dije que no pasaba nada, que era normal que se fijara en ella, ya que era preciosa y de su edad.

Al principio quedamos como amigos, pero después la amistad se fue disipando y no volvimos a vernos ni hablarnos.

Claudio

Es un hombre seductor, casado, al que le gusta vivir experiencias extramatrimoniales para captar a la chica que él desee y tener placeres sexuales nuevos. Eso os lo estoy diciendo ahora, porque no tuve ni idea de lo que quería hasta pasado un mes de relación. Me empezó a insinuar que si sería capaz de hacer un trío, sin compromiso; del trío pasó a decirme de tener relaciones con otra pareja y le decía que a mí eso no me gustaba nada, que no me sentía cómoda.

Entonces se sinceró y me dijo que estaba casado y que a su mujer y a él le gustaban estos juegos sexuales, porque así mantenían vivo su matrimonio. Yo no podía comprender que él me hubiera mentido, sabiendo cosas de mí y de lo mal que lo había pasado años atrás, así que decidí dejarlo porque a mí esos juegos de mentira y con otras personas que no conocía no me gustaban.

Roberto

Fue algo temporal, porque estaba en trámites de separación por una infidelidad que tuvo debido a que la mujer se acostó con otro hombre. Yo, al conocerlo a través de una *app* y él decirme de sus problemas matrimoniales y que se había acabado, le creí. Al cabo de un mes saliendo con él y acostándonos, me dijo que volvía con su esposa por sus hijos, ya que él no había dejado su casa y seguía viviendo con ella y los niños, que al hablar los dos y tras un par de copas se acostaron, así que decidieron volver y darle una segunda oportunidad a su matrimonio.

Yo me quedé atónita, pues no me esperaba esta reacción, ya que me dijo que su matrimonio estaba acabado y quería divorciarse definitivamente. Eso me hizo pensar que en todo momento me había estado engañando.

Me dolió mucho, pues fue otro palo más, y ya llevaba muchos. Le dejé claro que no quería volverlo a ver ni saber nada más de él.

Juan Pedro

Quede con él, después de muchos días de conversación y por pesado. No sé por qué no me inspiraba confianza, alardeaba mucho, me decía que era jefe de una empresa muy importante en España, que tenía un coche Mercedes y otro BMW, que era delgado, alto, con melena, fibroso… Vamos, un tío perfecto para mí. Eso me dijo y así se definió. Un día quedé con él y, antes de bajarme del coche, vi que entró en una furgoneta de una empresa de fontanería con un hombre alto, calvo y muy gordo. Él me había dicho que sus coches estaban en el taller, así que iría con el de la empresa.

Yo, todavía sin bajarme de mi coche, recibí una llamada diciéndome que llevaba una hora esperándome, que dónde estaba. Eso me mosqueó, porque lo había visto llegar. Le dije que estaba allí desde hacía tiempo y que lo había visto llegar hacía cinco minutos, así que no llevaba una hora esperando. Él me dijo: «Bueno, he exagerado un poco», y le dije que un poco no, sino mucho.

Le pregunté que si había venido en una furgoneta y que si ese era su coche de empresa, y él me respondió que sí, que sus coches estaban en el taller, los buenos, claro. También le pregunté si donde estaba aparcado era al lado de pizzería, y me dijo que sí, y le pregunté que si su vehículo era blanco y con rozadura, y me lo confirmó todo. Arranqué mi coche y me fui, entonces él me vio y me empezó a perseguir, así que me tuve que ir a una comisaría para poder despistarlo. Cuando llegué a casa, tenía un montón de llamadas y mensajes poniéndome de puta por no haber ido a conocerlo, que soy como las demás tías y que, si me encuentra algún día, me arrepentiré por no hablarle conocido.

Tengo los mensajes y las llamadas guardadas por si algún día cumple con su amenaza.

Andrés

Lo conocí hace tiempo, cuando era chica. Era el nieto de la quiosquera y hacía veinte años que no nos veíamos. Es un hombre encantador, bueno, simpático, así lo recordaba yo de pequeña. Él me lleva cinco años y tampoco lo veía tan mayor para mí, pero resultó ser un manitas largas.

Quedamos, salimos, y siempre me tenía que poner la mano encima. Yo a continuación se la quitaba, él me decía que por qué no daba rienda suelta a lo que deseaba, y yo le decía que él no sabía lo que yo quería y que se estuviera con las manos quietas. Eso a él no le gustaba y se mosqueaba.

Me decía que no me veía como una niñita tímida en los temas sexuales, ya que me había metido en una *app* de citas. Le expliqué que yo me metía donde me daba la gana y que había algunos hombres que no solo van por sexo, sino también para charlar, conocer y hacer amigos y amigas.

Después de todo esto se acabó y le dejé claro que no quería volverlo a ver nunca más.

Fernando

Es un poco tonto, en el sentido de hipócrita, un creído y un sabelotodo que solo se miraba a él y su cuerpo. Salimos unas cuantas veces y cada vez me resultaban más incomodas las citas. Me miraba cómo comía, cómo iba vestida y peinada.

La primera vez que nos vimos en persona, quedamos en una disco, Utopía, él con unos amigos y yo con una amiga, que así era más fácil para conocernos, pero creo que fue mutuo, lo de no gustarnos, ya no físicamente, sino por nuestra forma de ser. Él es más *cani* y sus amigos, sin educación; mientras que mi amiga y yo fuimos más educadas y con más saber estar. No digo que él no, puesto que le incomodaba que sus amigos fueran así y no se comportaran ante nosotras. Mi amiga y yo, viendo el percal, decidimos cortar el rollo y nos fuimos de su lado para pasarlo bien las dos bailando en la pisca.

Fernando se acercó y me dijo que debíamos quedar solos para poder conocernos mejor y yo acepté, aunque no muy convencida.

Una de las citas fue ir a cenar a su sitio favorito en Sanlúcar la Mayor, que era una pizzería, y, bueno, yo no soy de comer mucha *pizza,* no porque no me guste, sino porque me harto pronto, y eso a él le incomodó, porque no entendía que yo estuviera rellenita y comiera poco. Me dijo que le parecía que le engañaba con lo de comer poco. A mí eso me molestó, pero luego me entró por un oído y me salió por otro.

La otra cita fue en un *pub* de su pueblo. Allí estaba uno de sus amigos, que estaba claro que yo no le gustaba nada para su amigo, porque me acribilló a preguntas, como que qué quería de su amigo, qué estaba buscando de él, hasta que le tuve que cortar el rollo diciéndole que él no tiene porqué preguntarme eso, que a quien se lo debo de decir es a Fernando. Se cogió un rebote de mil demonios y decidí, antes de que viniera Fernando de donde coño se hubiera metido, decirle que solo quería ser su amiga nada más, que no buscaba nada que él no quisiera.

Volvimos a quedar, y otra vez con el amigo, así que yo ya decidí que sería la última, ya que con el amigo al lado no me dejaba conocerlo.

Quiso quedar otras veces y le dije que no, que mejor cada uno por su lado. Al día siguiente, me tenía bloqueada, le debió sentar mal mi decisión, pero, bueno, al cabo de los años me desbloqueó y me dijo que ya tenía pareja, que ya no hablaríamos más porque no quería tener problemas con su novia. Yo le dije: «Y dale, ¿qué problemas vas a tener si no hablamos desde hace la tira?». Y terminé bloqueándolo yo esta vez y se acabó.

Miguel Ángel

Con Miguel Ángel me pegué mucho tiempo hablando antes de conocernos en persona, como unos tres meses. No me terminaba de convencer su personalidad, se comportaba muy posesivo y obsesivo conmigo, y eso que no nos conocíamos físicamente. Se enfadaba si no le hablaba en el momento, quería que siempre estuviera atenta al teléfono si me mandaba un mensaje o me llamaba.

Un día que estaba trabajando con mi padre haciendo una instalación eléctrica con él, no le cogí el teléfono a la primera llamada y empezó a llamarme una y otra vez y a mandarme mensajes diciéndome que dónde estaba y con quién estaba. Yo me enfadé, pues no podía cogérselo al estar trabajando con corriente, y mi padre cada vez más cabreado porque el teléfono no paraba de sonar.

Lo tuve que coger porque no nos dejaba trabajar bien y empezaron a oírse gritos desde el teléfono, diciéndome que con quién lo estaba engañando, que me había llamado muchas veces y no se lo había cogido. Yo, muy cabreada, le dije que fuera la última vez que me gritaba, que él no era nadie para hacerlo y que no éramos nada, solo amigos, que nos estábamos conociendo, pero que desde ese momento ya no me apetecía conocerlo más, pues ya había visto su cara y su faceta y no me interesaba ni como hombre ni como amigo, que se olvidara de mí, que no me hablara más y que, si lo volvía a hacer, tomaría medidas.

Gerardo

Él es amigo de un amigo en común que tenemos. Nos conocemos desde pequeños y creo que siempre nos hemos gustado, pero hasta ahora no nos habíamos dicho nada de gustarnos.

En una fiesta de los padres de nuestro amigo, y unas cuantas copillas de más, nos dejamos llevar, un roce, una caricia, un beso, otro beso y muchos más. Nos volvimos a dar los teléfonos para hablar y quedar, tardamos una semana en decidirnos a llamarnos, no sé por qué, ya que los dos teníamos ganas de hablar y vernos.

Cuando llegó la llamada, estábamos nerviosos, no sabíamos cómo empezar y ni qué decir. Después de una hora hablando, decidimos que quedaríamos el sábado de la semana siguiente y así hicimos.

Nos fuimos a cenar, a tomar unas copas, quedamos con nuestro amigo y su mujer y, después, nos volvimos a quedar solos. Él me invitó a su casa y yo estuve pensándomelo un buen rato, pues no sabía qué depararía esto después.

Nos acostamos y lo pasamos bien, pero a la mañana siguiente los dos hablando más íntimamente y después de haber vuelto a hacer el amor, decidimos no volverlo a hacer más y quedar como amigos, pues así estábamos bien y ¿para qué estropearlo?

Alfonso

Este hombre me lleva diez años y, aunque no hemos tenido nada porque no hemos querido, nos cogimos mucho cariño los dos. Era un hombre educado, centrado, sabía lo que quería, en ningún momento me hizo sentir fuera de lugar y me trató con respeto. Un hombre maravilloso, al que la vida le tenía destinada un mal final.

Hablábamos mucho, nos reíamos del personal que había en la *app*, ya que en las *apps* abundan pocas personas cuerdas y decentes.

Alfonso era encantador, se podía hablar de todo y quedábamos para cenar e ir al cine. Éramos unos buenos amigos, aunque él sabía que yo no me terminaba de abrir emocionalmente con él, no sé si era por miedo o porque sabía que no quería preocuparlo.

A él también le costó decirme que tenía un problema cardíaco y que estaba a la espera de un trasplante. Eso me entristeció mucho, pues él me hacía entender que no duraría mucho.

Pasados unos meses de conocerle, al llamarlo me cogió su hermana el teléfono y me dijo que había sufrido un infarto, que no lo había superado y que había muerto.

Me dolió mucho su pérdida y todavía está en mi mente su cariño hacia mí, su trato y su comprensión.

Pedro

Se parece a Luismi, un sinvergüenza que solo quería sacarme cosas y nunca pagar nada.

Me embaucaba cada vez que quería, me hacía sentir culpable porque no siempre podía pagar las cosas, engañaba a todo el que se le acercaba, y eso a mí no me gustaba, ya que me metía en sus chanchullos y yo después tenía que excusarlo y pedir perdón por sus actos.

Le dejé, aunque él le va diciendo a todo el mundo que fue él quien me dejó porque soy inaguantable, pero los que lo conocen sabían que le había dejado yo por lo que hacía y por los problemas que me ocasionaba cada vez que estafaba a alguien.

CAPÍTULO 7

Los otros hombres de mi vida

Rubén

Un pequeño amigo que se enamoró de mí, al cual yo no podía corresponder, por edad, primero, y segundo porque era un familiar de alguien a quien yo amaba y del cual estaba enamorada.

Yo intuía que sentía algo, pero él no se atrevía a dar el paso, porque sabía que no podía ser.

Sigo en contacto con él, pero tengo que poner límites entre él y yo, ya que si le doy pie con mi cariño, él lo tomará por el camino que no es y no puede ser.

Rubén me dijo que estaba enamorado de mí hace poco y, aunque me agrada saber que siente eso por mí, le tuve que decir que yo no sentía lo mismo, sino que mi amor por él era como amigo y que, aunque ya no tenga relación con su familiar, siempre me tendrá como amiga.

Manolo

Nos descubrimos mutuamente cuando éramos preadolescentes. Todo fue consentido, no nos enamoramos, solo nos exploramos con respeto y sensualidad, con deseo y dulzura, rozándonos nuestra piel, uno hacia el otro, besándonos con besos suaves y dulces. Nada de lo que hacíamos era obsceno, todo era respetuoso y delicado.

Todo empezó con un roce de los dos en nuestra mejilla, un pequeño beso tierno en la mejilla, después otro en la comisura de los labios y otro rozándonos los labios por completo.

Él bajaba sus labios por mi cuello y eso me estremecía, pero no en sentido malo, sino de un placer nunca visto y enseñado. Los dos nos sentíamos extraños al conocer lo que sentíamos cada uno y a la vez.

Cuando ya cumplimos la mayoría de edad, todo se perdió, se corrió un tupido velo y hasta ahora está en el recuerdo del olvido, al menos para él. Yo, aunque no me atrevo a preguntarle por si le puede hacer daño recordarlo, me muero por saber qué piensa ahora de lo que hicimos cuando éramos pequeños.

Pero, bueno, me quedaré con esa duda hasta que él algún día lo hable conmigo.

Isidro

Una historia difícil de explicar. Porque me volvió a pasar lo mismo que con John. Lo conocí por Facebook, a través de una persona que seguíamos los dos.

Todo estaba yendo bien, habíamos quedado varias veces, siempre me extrañaba por qué me miraba tanto las manos, cómo las movía y si tenía pintadas las uñas. No entendía por qué tenía esa obsesión con las manos y por qué me preguntaba siempre si las tenía hidratadas y cuidadas.

Un día que salimos a tomar algo y a cenar, decidimos dar un paseo por los muelles del río de Sevilla. Todo estaba yendo fetén, cuando me cogió las manos y empezó a masajeármelas, a tocármelas y a ponerse nervioso. Su sudor empezó a brotar, yo me puse un poco nerviosa y quité las manos de sus manos.

Al cabo de un rato, me dijo que si quería ir al parque del Alamillo a dar un paseo, y mi mente voló y a mí se me vino a la cabeza que, al ir allí a las once y media de la noche, sin apenas gente y a oscuras, sin apenas luz, me mataría, dejaría mi cuerpo allí y se llevaría mis manos.

Isidro, viendo mi cara desencajada debido a las imágenes que habían aparecido en mi mente, me confesó que era fetichista, que le encantaban las manos, que le gustaba pintarse las uñas y ver cómo quedaban, ponerse guantes de seda para ver qué se sentía y que lo que más le ponía era tener sexo y eyacular en ella. Eso hizo que mi pensamiento creara más vida y afirmara que me mataría y se llevaría mis manos para su colección.

Al pensar en eso y volver a la realidad, decidí acabar la cita, diciendo que me tenía que ir ya a casa, que al día siguiente tenía que levantarme temprano para hacer unas cosas que tenía programadas. Le dije una pequeña mentira, pero lo que quería era irme de allí pintando, y desde ese día ya no he vuelto a quedar con él por miedo.

Él y yo seguimos hablando y, cuando desvaría con el tema de manos, lo corto. Él se enfada y me dice que no lo entiendo, que él es así y que lo debo de entender como es. Y yo le digo que sí lo entiendo, el que no me entiende es él a mí, que me dé reparo. Pero así son nuestras conversaciones hasta ahora.

Yago

Es médico de urgencias y un encantador de mujeres, que te encandila con palabras bonitas y preciosas, que te hace confiar en él y mil cosas más.

El día que lo conocí, se empeñó muy mucho en que viera su uniforme, para que viera que era médico, y yo, como buena inocente, me maravillé de un hombre así.

Le gustaba cuidarse y dedicarse a su cuerpo para que las mujeres lo adoraran. A mí me engatusó con su figura, su uniforme y su porte al llevarlo, todo él.

Y como todo lo bonito se acaba y la mentira se descubre, el caballero me había ocultado que estaba casado y con tres hijos, a los cuales, debido a su dejadez, solo veía una vez al mes, y no a todos, porque a uno no quería verlo.

Todo esto lo sé porque él me lo contó con la pena, para que yo me ablandara y siguiera con él, cuando él quisiera y lo que él quisiera.

También me enteré de que iba con la pena a todas las chicas y que se ponía a criticarnos, porque ninguna teníamos el cuerpo perfecto para él.

Después de saber todo sobre su forma de ser y cómo trataba a la mujer, decidí no volverlo a ver y no tener contacto con él nunca más.

Víctor

Lo conocí cuando me subí al autobús. Él es el conductor de la línea de consorcio de autobuses del Ayuntamiento de Sevilla.

Es un hombre simpático, educado y trabajador. Empezamos a hablar, poco a poco, a veces no tenía a nadie en el bus y podíamos charlar tranquilos de nuestras cosas, de lo que nos gustaba, de nuestras aficiones, y ahí descubrí que era un friki empedernido, demasiado, diría yo. Aunque a mí no me importa que una persona sea friki de algo, llega a ser pesado demasiado *frikismo*.

Víctor está muy obsesionado con las películas, series, dibujos y documentales del universo *Marvel*. A mí me gustan las películas de estos superhéroes, pero no para verlas todos los días, y más los fines de semana ininterrumpidamente, maratones a tutiplén.

Nunca quería salir a tomar algo, siempre en casa viendo la televisión. Eso vale un fin de semana, pero no todos, así que me empecé a cansar de esta relación así.

Lo dejé porque queríamos cosas distintas y diferentes. Él y yo no entrabamos en razón, y yo no estaba dispuesta a encerrarme en su casa todos los fines de semana. Yo quería salir y disfrutar de la vida, cada uno tirábamos para nuestros deseos.

Javi

Es trabajador social. Lo conocí en Tinder. Es un hombre sencillo, correcto y también mentiroso.

Quedamos un día para ir al cine y, antes de entrar, nos pusimos a hablar y conocernos un poco más de lo que lo habíamos hecho por las redes.

Todo fue bien y correcto, fluía sin más, nos reíamos, hablábamos, nos tomamos unos refrescos y quedamos en volvernos a ver pronto.

Pero pasaban los días y no me hablaba. Después de algunas semanas, le hablé para ver si le pasaba algo, y me habló como si nada, así que decidimos volver a quedar para seguir conociéndonos. De repente, me puso la excusa de que una amiga suya lo necesitaba, que le iban a operar de los ojos y que no tenía a nadie que se ocupara de ella.

Le dije que vale, que lo dejábamos para otro momento, pero ese momento no llegaba. Le volví a hablar, volvimos a poner fecha para quedar y volvió a darme la excusa de su amiga, el mismo día que habíamos quedado.

Ya cansada de excusas y de que me mintiera, le dije que no me engañara más, que si no quería verme más que me lo dijera, que de qué iba este juego al que estaba jugando, porque no me gustaba.

Y su contestación fue cero. No me habló ni me bloqueó, hizo como si yo no existiera. Y en ese momento decidí bloquearlo para que él no viera nada de mí.

Adán

Comercial de ventas de energía solar. Como buen comercial, tiene la cara muy dura, un sinvergüenza con don de gentes, simpático, muy agradable. Todo lo que os diga de él es poco.

Quedamos para tomarnos algo mientras estaba trabajando, aunque en ese momento estaba en su descanso. Ese era el único rato que se supone que tenía para conocernos. Después de una buenas cervezas, me dijo que su jefe estaba buscando a más comerciales para trabajar. Al principio acepté que le diera mi currículum a su jefe, sin saber en realidad para qué lo quería.

Cuando fui a la supuesta entrevista de trabajo, me esperaban los dos, muy ansiosos, con ganas de preguntarme cosas de mi vida: qué me gusta, si me gusta disfrutar de lo que me da la vida, etc. A mí ya me estaban empezando a mosquear sus preguntas y les dije que a qué venían sus preguntas, que no tenían nada que ver con mi currículum, que esas preguntan eran personales.

Los dos se miraron y, con una sonrisa pícara, me empezaron hablar de que si quería participar en los juegos sexuales que ellos hacían con la mujer de su jefe. Yo negaba con la cabeza, no daba crédito a lo que estaban diciendo los dos y, al hacer el gesto de levantarme, ellos inmediatamente me pidieron disculpas y que por favor no le contara a nadie la conversación que habíamos tenido.

Esa fue la única y última vez que vi a Adán, decidí borrarlo y bloquearlo.

Daniel

Es mozo de almacén de una gran superficie conocida.

Él no quería tener ataduras, pero le daba morbo estar conmigo. Le gustaba hacerme sus fantasías sexuales, porque yo le dejaba fantasear hasta cierto punto.

Es una cabra loca, no se puede quedar quieto ni un segundo y eso de estar con una sola chica no va con él, siempre tiene a una en la retaguardia.

Es muy buen tío, pero no para tenerlo de pareja, porque te pondrá los cuernos. Le gustan mucho las mujeres, se divierte con ellas, disfruta y las respeta a medias.

A día de hoy somos amigos. No nos vemos, pero sí hablamos mucho, varias veces a la semana para saber el uno del otro. Nos lo pasamos bien, pero solo eso.

Ya no hablamos de cuando estuvimos juntos, solo de cómo estamos y nuestros amoríos. Él sigue sin sentar la cabeza y yo le digo que todavía no le ha llegado el amor de su vida. Él se ríe cuando le digo eso.

Iván

Siempre ha estado enamorado de mí, o eso me dijo. Él es cocinero y al final resultó que ese amor no era tan bonito como él decía tener.

Él es bueno dependiendo de cómo te portes y qué le ofrezcas. No quiere que tengas amigos, pero sí amigas. Es posesivo. Si ve que le hablas al marido de tu amiga, no te deja respirar y se enfada.

Le tuve que decir que no podíamos estar juntos porque somos muy diferentes y queremos cosas distintas. Se enfadó mucho cuando le dije que lo dejábamos, porque él no quería, él quería estar conmigo, pero con sus normas.

Yo le dije que sus normas implican posesión por lo celoso que es y su desconfianza ante los demás. Él no daba crédito a lo que yo le estaba diciendo y terminó por desaparecer de mi vida de la noche a la mañana.

Recibí un mensaje diciéndome que se había enamorado de mí, pero que no podía aguantar que nadie me mirara debido a sus problemas de celos, que él era consciente de que los tenía, y que nunca volvería a saber de él mientras tuviera celos de todo el que me mirara.

Eso para mí le honraba al decírmelo.

Jorge

Es monitor sociocultural. Es un tío divertido con un montón de ideas para hacer, pero es bisexual. Que conste que no tengo problemas con las personas que son bisexuales, solo que si me lo dice pasado un tiempo de relación y me dice que, además de estar conmigo, está con un hombre, la verdad que eso no me gustó nada.

Antes de saber que era bisexual, nos lo pasábamos bien: hacíamos excursiones a la sierra, nos íbamos a la playa, nos gustaba pasear por el centro. Era una relación muy bonita y especial, nos íbamos conociendo poco a poco, hasta que, cuando ya vimos que nuestra relación se afianzaba más, me confesó que también le gustaban los hombres y que salía con uno desde hacía tiempo.

Yo, como comprenderéis, me quedé helada, no sabía qué responder. Estuvimos hablando y lo entendí, pero yo no podía estar con una persona que tenía otra relación a la vez, aunque la otra persona supiera de mí.

Su pareja se llamaba Óscar y a él no le importaba que fuéramos tres en una relación, ya que él también era bisexual.

Decidimos dejarlo, porque a mí no me iba ese rollo. Somos muy amigos, él sigue con Óscar y con otra mujer, Lidia. De vez en cuando nos vemos para tomarnos algo y hablamos mucho. Yo me alegro que sea muy feliz así.

Raúl

En realidad, nunca me enteré de en qué trabajaba. Era muy reservado con sus cosas, tan reservado que se le olvidó decirme que estaba casado y muy feliz con su mujer y sus hijos.

Al final me dijo que solo quería tener una aventurilla para saber si quería a su mujer o no. Muy fuerte, eh.

A Raúl lo conocí en un *pub* una noche que salí con mis amigas. Él estaba de despedida de soltero de un amigo y, cuando sonó la música, nos pusimos a bailar en la pista, cada uno con nuestros amigos correspondientes.

Bailamos con tanto ímpetu que nos tropezamos y nos caímos en medio de la pista. Él se cayó encima de mí y se puso muy nervioso. Él creía que me había hecho daño con su cuerpo, lo cual pasó, ya que me clavó el codo en el pecho y me dolió mucho.

Estuvo muy atento conmigo toda la noche porque se sentía culpable y yo no paraba de decirle que habíamos sido los dos. Él se echaba la mano a la cabeza y me decía que quien había caído encima de mí era él, y a mí, al ponerme nerviosa por cómo me miraba con esos ojos azules, me entraba la risa y eso a él más lo desconcertaba.

Nos dimos los teléfonos y empezamos a quedar algunos días entre semana y cada quince días los fines de semana.

Todo iba bien, salíamos como una pareja, nos íbamos de viaje a la costa y pasábamos los fines de semana encerrados en el hotel.

No me podía imaginar que, un año después, un amigo suyo, cuando descubre que su amigo tiene una doble vida, decide contármelo para que yo no sufriera, porque Raúl no iba a dejar a su mujer y a sus hijos. Yo me quedé atónita, pues jamás podía imaginar que estuviera casado. No llevaba alianza, así que no había ningún indicio de que estuviera casado, y eso me derrumbó.

Aunque él quería seguir, porque decía que era también feliz conmigo, yo decidí que era mejor separarnos, porque no me iba a meter en medio de un matrimonio, aunque ya lo había hecho.

No volví a saber nada de él y es mejor así, tanto para él como para mí.

Hugo

Es albañil y lo conocí en una obra a la que mi padre y yo fuimos a hacer la instalación de electricidad de la casa.

No parábamos de flirtear el uno con el otro, pero solo en nuestros tiempos muertos, nunca cuando estábamos trabajando. Eso lo respetábamos.

Un día decidimos que nos tomaríamos algo para conocernos más. Nos dimos los teléfonos y quedamos para el fin de semana siguiente.

Hugo es un tío divertido, demasiado, diría yo. Cuando quedamos, yo pensaba que habíamos quedado solos, pero mi sorpresa fue que había más personas y todos eran hombres. Me sentí incomoda, no paraban de ofrecerme alcohol, preguntarme cómo me gustaban los hombres, se reían de cómo era. Me decían que me había equivocado de profesión al estar trabajando como electricista, que esta profesión era solo para hombres, no para mujeres, que las mujeres debemos estar en casa para ser buenas amas de casa y atender al marido como se merece.

A cada momento que pasaba, estaba más humillada por ellos. Decidí ir al baño y ellos me dijeron que dejara la Coca-Cola allí. Me di cuenta de que no era bueno estar más tiempo con ellos, porque algo malo iba a suceder, así que cogí mi bebida, me la bebí, les dije que me iba al baño y, sin que se dieran cuenta, me fui del lugar.

Se lo conté a mi padres y él se lo contó al jefe de Hugo. Se enfadó mucho, porque había descubierto su juego y le habían echado del trabajo. Él intentó desmentir lo que yo decía, pero como el de la obra me conocía de hacía mucho y sabía cómo era yo, confió en lo que le decía mi padre y lo despidió sin más.

Lo he visto varias veces por el centro, pero no lo he saludado y me he hecho la despistada. Aunque sabía que me estaba mirando con ganas de hablar, yo no le dejaba que se acercara, y sé que eso le enfadaba, por sus gestos.

Abel

Es encargado de un restaurante famoso en Sevilla. Fue otro hombre que conocí en la *app* Tinder.

Tardé en quedar con él porque no me fiaba y al final no me equivoqué con él. Accedí a quedar con Miguel y fue totalmente diferente, ya que le dije que, si no le importaba, que para ser la primera cita quedáramos para ir al cine a ver la película *Eternal*, que me apetecía verla.

Él me dijo que también tenía ganas de ir al cine y que sí que le apetecía este tipo de cita, que la película le daba igual, que solo quería ir conmigo y tener esa cita.

Estuvo muy bien la noche de cine y cena. Él se quedó con ganas de besarme, lo vi, pero decidí no dejarme llevar por su deseo.

Estuvimos un par de semanas hablando sin vernos, ya que él, al estar divorciado, tiene la custodia compartida de sus hijas y las tiene cada quince días y no nos podíamos ver hasta que él no estuviera más libre. Eso lo respeté, porque ante todo están sus hijas, más que una cita con cualquiera. Yo habría hecho lo mismo si hubiera tenido hijos y estuviera en la misma situación.

La siguiente vez que quedamos fue para cenar, volvernos a ver y conocernos más. Los dos teníamos muchas ganas de vernos, habíamos estado hablando dos semanas decidiendo qué haríamos en la próxima cita.

Nos fuimos a cenar a una pizzería a la que Abel no había ido nunca y le gustó mucho. Cuando terminamos de cenar, de hablar, de mirarnos con deseo, con complicidad, con respeto y cariño, al salir del restaurante se lanzó y me besó, me plantó un largo y profundo beso que yo respondí con ganas. Y os digo sinceramente que ahí empecé a bajar la guardia.

Antes de llevarme a casa, paramos a tomarnos una copa. Hablamos poco, nos besábamos a cada instante y entremedio bebíamos para aplacar la sed de besos que seguíamos teniendo y queriendo.

Cuando llegamos a mi casa, no paramos de besarnos en el coche y no veíamos qué hora era. Miramos un segundo el reloj los dos a la vez y nos dimos cuenta de que era muy tarde, los dos teníamos que madrugar, pero no queríamos despegarnos el uno del otro, queríamos seguir besándonos y que no acabara el día, pero teníamos que irnos y nos dio mucha pena despedirnos.

A la mañana siguiente, estábamos como tontos los dos con mucha ilusión de volvernos a ver, nos dijimos cosas bonitas y eso más vulnerable me estaba haciendo.

Pasados unos días, todo cambió: su comportamiento, su forma de ser conmigo, me hablaba muy brusco, muy duro, sin sentimientos. Aun así volvimos a quedar. Aunque a él le costó quedar porque estaba *depre*, al final le gustó la idea.

El día que quedamos, habíamos decidido que nos haríamos la comida. Él hizo la cena, unos espaguetis a la carbonara, y yo, un brazo de gitano con crema pastelera. Durante la preparación de la cena, nos besamos apasionadamente, nos rozamos con los labios, nos abrazamos, todo maravilloso, y volvió a ser como las dos primeras veces que quedamos.

Cenamos, después de la cena, él se sentía cansado y necesitaba un masaje, ya que estaba muy cargado de todo el trabajo y el estrés que tenía con lo del juicio y las niñas.

Al final pasó lo que tenía que pasar y ahora me he dado cuenta de que no debió pasar. El masaje llevó a las caricias, los besos por todo nuestro cuerpo, el roce de los dedos por nuestros labios, el pelo, la cara. Tuvimos sexo, sexo del bueno, del bonito, sintiéndonos piel con piel, queriéndonos a cada sensación que sentíamos y teníamos. No queríamos despertar del sueño ninguno de los dos, todo era muy bonito y especial.

Nos despedimos con besos y superbién. En las citas posteriores, también bien. Todo fluía a las mil maravillas, sin ningún cambio en su carácter, todo iba como la seda.

Al llegar la semana siguiente, todo se volvió raro, con ambiente malo entre los dos, había cambiado otra vez, hablándome despectivamente, de forma desagradable. Volvía a hablarme con monosílabos.

Me empezó a decir que le era imposible quedar más, que ahora mismo no quería nada serio, que quería estar un tiempo solo, sin que nadie lo agobiara ni lo molestara.

Sus palabras y la forma de decírmelas me hicieron mucho daño, no sabía a qué venía todo eso y me hacía preguntarme: «¿Por qué ese trato hacia mí?». No entendía nada.

Lo que sí entendí fue que me había utilizado para conseguir lo que quería y yo se lo di como una tonta, me entregué en cuerpo y alma, y me enfadé conmigo misma por habérselo dado, sabiendo que tenía la misma intención y que sería como los demás hombres.

Ya no sé nada de él. Él así lo quiere. He intentado hablar con él, pero no quiere saber nada, incluso me ha mentido diciendo que está saliendo con una antigua amiga suya. Le pillé en la mentira, pues el día anterior había puesto fotos nuevas en la *app* de Tinder.

Y ya comprendí que todo él era una mentira, que nunca le había gustado para nada, excepto para un polvo, para eso le gustaba y me quería.

Eso fue todo con él y, aunque me muero por verlo y hablar con él, sé que no debo ni pensar, pero no puedo evitarlo.

Juan

Después está Juan. ¿Para qué os voy a contar dónde lo conocí? Ya os lo podéis imaginar.

Juan es un tío seductor, que te embauca, te seduce y te dice cosas bonitas, que te las crees. Sale contigo varias veces para preparar el terreno y que caigas en sus redes fácilmente.

Te invita, te halaga, te besa con besos apasionados, se desliza por tu cuerpo como ningún hombre, te hace todo lo que desees. Te lleva a su casa y deja que entres en su intimidad hasta que ya has caído como una tonta y te entregas a él en cuerpo y alma, con todo tu amor, para después destrozarte emocionalmente. Cuando ya te ha usado, te desecha, te anula; si te he visto, no me acuerdo. A mí me dolió que me hiciera eso y más cuando me dijo que en ningún momento quería nada serio, solo pasar el rato. Tú solo piensas en todas las cosas bonitas que te ha hecho y dicho, y no puedes creer que él te diga ahora eso, pero así es él.

Epílogo

Después de todo esto, dudas de si vales para algo, con todos los hombres que han pasado por tu vida y ninguno que te haya querido. Es duro encontrar a un hombre que te agrade y que te haga creer que puedes pasar el resto de tu vida con él, para que después te destroce de maneras que una persona no se merece.

He decidido ir a la psicóloga para poder quitarme una mochila o, como lo llaman otras personas de mi entorno, mi mierda. Esta mochila que llevo desde hace mucho años ya me pesa demasiado y, aunque he podido con ella estos años atrás, he decidido que la carga de esta mochila no la quiero llevar más, puesto que no me pertenece. Parte del peso no es mío, es de otros, y ahora les toca llevarlo a ellos aunque no quieran.

Va a ser duro. Algunas cosas las he superado, otras veo que no, porque siguen guardadas ahí durante mucho tiempo. Tengo tiempo para recuperarme y creo que lo haré, aunque seguro que me costará lo suyo porque implica a muchas personas que me importan o, mejor dicho, me han importado.

Mi historia es dura y, aunque han pasado muchos hombres por mi vida y la mayoría han sido malos, algunos siguen siendo amigos míos, así que espero que no me etiquetéis de lo que no soy. Seguramente haya tenido yo la culpa de mi relación con alguno de ellos, aunque, analizados por mis amigos, mis padres y mi psicóloga, con pruebas demostrables, no he sido yo la culpable de que los hombres me hayan hecho daño, usado y maltratado.

He tenido mala suerte en elegir a los hombres. Como digo yo, mi cupido es torpe o está borracho, porque no atina con la flecha. Los hombres con los que he estado, así como mis primos al hacerme eso, no me merecían. Les he dado todo mi cariño, mi ser, mi alma, mi comprensión, afecto y respeto, que es lo más importante. Les he dado todo lo que me han pedido y ellos me han pagado muy mal, abusando de mí y haciéndome mucho daño.

No he tenido suerte en la vida en ese sentido y me he dado cuenta de que no pasa nada por quedarme sola.

En cuanto a mis gustos hacia los hombres, las personas que me conocen lo saben, parece que solo busco a hombres petados (musculosos) y que sean guapos, pero os puedo asegurar que no busco eso, ya que todos los que he contado son delgados, regordetes, fibrosos o musculosos; con pelo corto, largo, rapados, media melena o calvos; altos o bajos. Creo que no tengo el gusto definido por un tipo de hombre, porque me fijo en la personalidad, aunque me den después todos los palos.

He aguantado mucho todos estos años y ya me he cansado, no quiero guardar más secretos, no quiero que me hagan más daño, no quiero que sientan lástima por mí. Solo quiero vivir sin ser juzgada por mis decisiones y mis actos, ya que una debe de aprender de las cosas que la vida te vaya dando sin que otras personas te digan cómo debes vivirlas. Una cosa es aceptar los consejos y otra es que los cojas y los apliques a tu vida cuando no crees que te valgan o te sirvan y, sobre todo, no hay que acatarlos porque ellos quieran y por cojones.

Quiero que tengáis una cosa clara, no soy ejemplo de nada. He escrito mi historia y la he querido contar como buenamente he podido y como mis sentimientos me han dejado. Sé que de todo se sale y que cuesta, que al final acabas cambiando tu forma de ser porque no tienes más remedio, que al final se aprende a sobrellevarlo, que la vida sigue poniendo retos que hay que superar y que solo el tiempo lo cura todo, ya tardes un día o mil años.

He sido fuerte al dar este paso y contarlo. Empieza un largo camino para mí. Me va a enfrentar a mis miedos, a la incomprensión por parte de los míos y seré juzgada por personas que ni siquiera me conocen ni me conocerán. Son demasiadas cosas que me duelen y me cuesta llevar día a día y espero que, con esto que cuento, las personas apoyen más a alguien que tengan a su lado y que esté pasando o haya pasado por lo mismo que yo.

Esta historia está basada en una historia real, con algunos nombres ficticios, donde la protagonista se despoja de una parte de su vida dura, difícil de llevar y traumática. Está escrita por Sonia Benítez Marchena. En este relato he querido plasmar parte de mis vivencias, para que todas las personas que han pasado por algo parecido, similar o igual que yo puedan pedir ayuda para poder superar todos los traumas que llevan en esa mochila que le ponen, que algunos de los que le rodean llaman «la mierda que vas cargando», y que debemos quitar cuando no es nuestra.

Debemos ser fuertes ante situaciones que nos superan por el motivo que sea, no tener miedo para pedir ayuda, ir al psicólogo si fuera necesario o a las instituciones pertinentes.

Todas las personas somos diferentes, sentimos diferente y hacemos cosas diferentes las unas a las otras, pero todas tenemos un fin: ser felices. Si alguien nos lo impide y nos ponen zancadillas, todos nosotros debemos ser fuertes y, si no podemos serlo, debemos pedir ayuda para lograr nuestros sueños, nuestros retos y ser como queramos ser.

FIN

Agradecimientos

Quiero agradecer a mis padres por todo el apoyo que he recibido en todos los sentidos. Son un pilar donde me puedo apoyar para no caerme; ellos siempre han estado en todos mis momentos, tanto buenos como malos y muy malos, y les debo todo lo que me han dado.

A mi primo M. A., por hacerme la ilustración de la portada del libro.

A mis primas Rut, Reyes y Ángela, que siempre me han escuchado y entendido en las cosas que me pasaban.

A mis amigas María Jesús, Aitana, Keka, Rosa y Eva, por su apoyo incondicional y no juzgarme por mis actos.

A mi amigo Manu, que en muy poco tiempo se ha convertido en alguien importante en mi vida, mi confidente y mi confesor. Adoro sus consejos.

A Javi, porque en muy poquito tiempo me ha dado lo que más he necesitado y por un millón de cosas más.

Y a los demás amigos, que con su pequeña ayuda de solo escuchar me han dado un empujón para seguir adelante.

Índice

Sobre la autora

S. Salvatierra (Sevilla, 1977) trabaja como auxiliar de ayuda a domicilio a personas en situación de dependencia. Siempre ha querido escribir, pero hasta ahora no lo había hecho por circunstancias de la vida. Sus estudios están relacionados con la salud dental, la educación y los cuidados a mayores.

Este es uno de sus primeros relatos, una obra muy personal, muy sentida y llevada hasta lo más profundo. Un relato lleno de lágrimas, dolor, tristeza, risas, alegrías y recuerdos, tanto buenos como malos.